古代茶具与紫砂艺术

◎ 主编 金开诚

◎ 编著 商琳璘

吉林出版集团
吉林文史出版社

图书在版编目（CIP）数据

古代茶具与紫砂艺术 / 金开诚著. -- 长春：
吉林文史出版社，2011.10（2023.4重印）
（中国文化知识读本）
ISBN 978-7-5472-0894-6

Ⅰ.①古… Ⅱ.①金… Ⅲ.①紫砂陶－陶瓷茶具－介
绍－中国 Ⅳ.①K876.3

中国版本图书馆CIP数据核字(2011)第209648号

古代茶具与紫砂艺术

GUDAI CHAJU YU ZISHA YISHU

主编/金开诚　编著/商琳璘

项目负责/崔博华　责任编辑/崔博华　王文亮

责任校对/王文亮　装帧设计/李岩冰　李宝印

出版发行/吉林出版集团有限责任公司 吉林文史出版社

地址/长春市福祉大路5788号　邮编/130000

印刷/天津市天玺印务有限公司

版次/2011年10月第1版 2023年4月第3次印刷

开本/660mm×915mm　1/16

印张/9　字数/30千

书号/ISBN 978-7-5472-0894-6

定价/34.80元

前 言

　　文化是一种社会现象，是人类物质文明和精神文明有机融合的产物；同时又是一种历史现象，是社会的历史沉积。当今世界，随着经济全球化进程的加快，人们也越来越重视本民族的文化。我们只有加强对本民族文化的继承和创新，才能更好地弘扬民族精神，增强民族凝聚力。历史经验告诉我们，任何一个民族要想屹立于世界民族之林，必须具有自尊、自信、自强的民族意识。文化是维系一个民族生存和发展的强大动力。一个民族的存在依赖文化，文化的解体就是一个民族的消亡。

　　随着我国综合国力的日益强大，广大民众对重塑民族自尊心和自豪感的愿望日益迫切。作为民族大家庭中的一员，将源远流长、博大精深的中国文化继承并传播给广大群众，特别是青年一代，是我们出版人义不容辞的责任。

　　本套丛书是由吉林文史出版社组织国内知名专家学者编写的一套旨在传播中华五千年优秀传统文化，提高全民文化修养的大型知识读本。该书在深入挖掘和整理中华优秀传统文化成果的同时，结合社会发展，注入了时代精神。书中优美生动的文字、简明通俗的语言、图文并茂的形式，把中国文化中的物态文化、制度文化、行为文化、精神文化等知识要点全面展示给读者。点点滴滴的文化知识仿佛颗颗繁星，组成了灿烂辉煌的中国文化的天穹。

　　希望本书能为弘扬中华五千年优秀传统文化、增强各民族团结、构建社会主义和谐社会尽一份绵薄之力，也坚信我们的中华民族一定能够早日实现伟大复兴！

目录

一、古代茶具概说

（一）茶具概况

我国是世界上最早发现和利用茶叶的国家。在人类历史发展的长河中，茶一直伴随着勤劳勇敢的中华儿女，从原始社会走向文明的现代社会。

古人重视品茶，使用茶具也很考究。茶具的好坏，对茶汤的质量和品饮者的心情有直接影响。中国古代茶具种类丰富，历史源远流长，是人类共享的艺术珍

品。各个时期的茶具精品折射出古代人类饮茶文化的灿烂，也反映了中华民族历代饮茶史的全貌。茶与茶文化在漫长的历史长河中如同璀璨的星辰熠熠生辉。

"茶具"一词最早出现在汉代，西汉辞赋家王褒在《僮约》中有"烹茶尽具，酺已盖藏"之说。至唐代，"茶具"在文人墨客的作品中已十分常见。唐代著名的现实主义诗人白居易在《睡后茶兴忆杨同州》诗中有"此处置绳床，旁边洗茶器"。文学家皮日休在《褚家林亭诗》中也提到"萧疏桂影移茶具"。"茶具"在唐以后的几个朝代里不断地出现在各类书籍、诗画作品中,如《宋史·礼志》记载:"皇帝御紫哀殿,六参官起居北使……是日赐茶器名果。"皇帝将"茶器"作为赐品,可见"茶具"在宋代十分名贵。南宋诗人翁卷写有"一轴黄庭看不厌,诗囊茶器每随身"的名句。元代画家王冕在《吹箫出峡图诗》中有"酒壶茶具船上头"。明末清初的书画家、诗人陈洪绶绘有《品茶图》。由此不难看出,文人笔下尽是茶,茶具已经成为茶文化中不可或缺的重要组成部分。

茶具,又名茶器或汤器,在古代泛指制茶、饮茶使用的各种工具,包括采茶、制茶、贮茶、饮茶等几大类。陆羽在《茶经》中总结出十四种采茶、制茶的工具。唐代文学家皮日休在《茶具十咏》中共列出十种茶具。相比之下,现代茶具的概念比古代茶具所指的范围小得多。现代茶

具已经不再包括采茶、制茶的工具，仅指与泡茶有关的专门器具，主要指饮茶器具。狭义上的茶具指茶杯、茶壶、茶碗、茶盏、茶碟、茶盘等饮茶用具。

在我国历史上，不同时期生产的茶品种不同，因此茶的饮用方式也各不相同。茶具伴随着人们饮茶方式的改变而不断变化。

以唐朝为分界线，人们在唐及唐以前习惯用煎茶法饮茶，茶具包括贮茶、炙茶、碾茶、罗茶、煮茶、饮茶等器具；到

了宋朝，人们时兴以点茶法饮茶，因此碾茶、罗茶、候汤、点茶、品茶等器具兴起。元明两朝，人们开始饮用散茶，采用直接冲泡的方式饮茶。这时，茶具逐渐简化，碾茶、罗茶等茶具被淘汰，饮茶的全部器具仅为一把烧水用的壶、一个贮茶的罐和一盏沏茶的盏。

明代许次纾认为："茶滋于水，水借于器，汤成于火，四者相顾，缺一则废。"由此可见，茶具在茶事活动中占有重要地位。好的茶具可以为品茗者带来愉悦舒

适的感觉。人们对茶具的总体要求是实用性与艺术性并重，力求有益于茶的汤质，又力求古雅美观。

茶具对茶汤的影响，主要在两个方面：一是表现在茶具颜色对茶汤色泽的衬托。例如青瓷茶具可使茶汤呈绿色（当时茶色偏红）。随着制茶工艺和茶树种植技术的发展，茶的原色在变化，茶具的颜色也随之而变。二是茶具的材料对茶汤滋味和香气的影响，材料除要求坚而耐用外，至少要不损茶质。

茶具的审美价值，体现在茶具的艺术性和观赏性两个方面。一组组精心摆放的茶具犹如引人入胜的静物画，在茶桌上形成一道亮丽的风景。风雅之士，小聚品茗，"松风竹炉，提壶相呼"。精美典雅的茶具，点缀在案几上，清淡吟诗，情趣盎然。

（二）茶具的种类

茶具的种类根据不同的分类标准有多种划分方法。常见的划分标准有按时代划分、按地域划分、按质地划分、按民族划分以及按饮茶方式划分，等等。在这里，我们简单地以质地为标准和以饮茶方式为标准对茶具的种类做一介绍。

1. 以质地为标准

中国茶具，质地多样，造型优美，主要有金属、竹木、瓷器、陶土、漆器、玻璃等，为历代饮茶爱好者所青睐。其中，以陶瓷茶器为主流，几乎各个阶层的人都在使用。

（1）金属茶具

金属茶具是用金、银、铜、锡等金属材料制作的茶具。以锡作为贮茶器具材料有较大的优越性。锡罐多制成小口长颈，盖为筒状，比较密封，因此对防潮、防氧化、防光、防异味都有较好的效果。但因其造价昂贵, 一般老百姓无法使用。唐代茶书《十六汤品》中说:"以金银为汤器, 为富贵者具焉。"

(2) 竹木茶具

在古代, 竹木茶具因其价廉物美、经济实惠, 在广大农村地区, 包括产茶区使用甚广。人们使用竹或木碗泡茶。但在现代, 使用竹木茶具泡茶的情况已不多见。人们更多地是用木罐、竹罐装茶, 特别是作为艺术品的黄阳木罐和二簧竹片茶罐, 既是一种馈赠亲友的珍品, 也有一定的实用价值。

（3）瓷器茶具

瓷器茶具是使用时间最长、范围最广的茶具。瓷器茶具可分为白瓷茶具、青瓷茶具、黑瓷茶具和彩瓷茶具等。其中，白瓷以景德镇的瓷器最为著名，其他如湖南醴陵、河北唐山、安徽祁门的茶具也各具特色。青瓷的主要产地在浙江，最流行的一种叫"鸡头流子"的有嘴茶壶。黑瓷兔毫茶盏，风格独特，古朴雅致，而且瓷质厚重，保温性能较好，为斗茶行家所珍爱。彩色茶具的品种花色很多，其中尤以青花瓷茶具最引人注目。青花瓷器的特点是：花纹蓝白相映成趣，有赏心悦目之感；色彩淡雅幽菁可人，有华而不艳之力。加之彩料之上涂釉，显得滋润明亮，更平添了青花茶具的魅力。

（4）陶器茶具

陶器中的茶具精品颇多，其中首推宜兴紫砂茶具。紫砂茶具出现于北宋初年，流行于明代，并逐渐成为独树一帜的精品茶具。紫砂壶采用当地的紫泥、红泥、团山泥抟制焙烧而成，其里外都不敷

釉。紫砂壶和一般的陶器有很大的不同，由于成陶火温高，烧结密致，胎质细腻，既不渗漏，又有肉眼看不见的气孔，经久使用，还能汲附茶汁，蕴蓄茶味；且传热不快，不致烫手；若热天盛茶，不易酸馊；即使冷热剧变，也不会破裂；如有必要，甚至还可直接放在炉灶上煨炖。紫砂茶具造型简练大方，色调淳朴古雅。

(5)木鱼石茶具

木鱼石是一种罕见的空心的石头，又叫"太一余粮""禹余粮""石中黄子"，俗称"还魂石"，象征着如意吉祥，可护佑众生、辟邪消灾。

木鱼石茶具是指用整块木鱼石作出来的茶具，主要包括茶壶、酒壶、竹节杯、茶叶筒等。木鱼石中含有铀及稀土元素，因此茶具的防腐和通透性好，用其泡茶即便是在酷暑季节，五天内茶水仍可饮用不会变质。

（6）石雕茶具

石雕茶具的制作，是根据石头的天然特性，设计加工精雕细琢而成。石头具有硬度大、密度强，颜色天然，遇冷遇热不变形、不开裂、不褪色，磨光后不会吸附茶色等优点。所以用石头雕刻制作而成的石雕茶盘，美观大方，经济实用。用石雕茶具品茶，赏心悦目，修身养性。

（7）漆器茶具

据史料记载，漆器茶具出现于清代，主要产于福建福州一带。福州生产的漆器茶具多姿多彩，有"宝砂闪光""金丝玛瑙""釉变金丝""仿古瓷""雕填""高雕"和"嵌白银"等品种,特别是创造了红如宝石的"赤金砂"和"暗花"等新工艺以后,更加鲜丽夺目,惹人喜爱。漆器茶具中较有名的有北京雕漆茶具、福州脱胎茶具、江西鄱阳等地生产的脱胎漆器等,均具有独特的艺术魅力。

(8)玻璃茶具

在现代,玻璃器皿有较大的发展。玻璃质地透明、光泽夺目,外形可塑性大,形态各异,用途广泛。玻璃杯泡茶,茶汤的鲜艳色泽,茶叶的细嫩柔软,茶叶在整个冲泡过程中的上下穿动,叶片的逐渐舒展等,可以一览无余,可以说是一种动态的艺术欣赏。

特别是冲泡各类名茶,茶具晶莹剔透,杯中轻雾缥缈,澄清碧绿,芽叶朵朵,亭亭玉立,观之赏心悦目,别有情趣。而且玻璃杯价廉物美,深受广大消费者的欢迎。玻璃器具的缺点是容易破碎，比陶瓷烫手。

2. 以饮茶方式为标准

随着时代的变化，人们的饮茶方式发生了很大的变化。相继出现四种饮茶方式：淹茶、煮茶、点茶、泡茶。与此相对应，茶具也分为四种，即淹茶茶具、煮茶茶具、点茶茶具、泡茶茶具。

（1）淹茶茶具

我国古代文献中介绍唐以前的饮茶方法的资料很少，我们仅能从三国时期张揖的《广雅》中作出推断。《广雅》中记载了一种古老的饮茶方式："荆、巴

间采叶作饼，叶老者，饼成以米膏出之。欲煮茗饮，先炙令赤色，捣末置瓷器中，以沸浇复之，用葱、姜、橘子芼之。其饮醒酒，令人不眠。"这种饮茶方式与陆羽《茶经·六之饮》中的方法类似，故得名痷茶法。

用于痷茶的茶具至少应包括：烧水的炉灶、烧水的锅或壶、烘制茶饼的夹子、盛茶汤的茶瓶（类似于今天的茶壶）、饮茶用的瓷碗或瓷杯、从茶瓶中舀出茶汤倒进杯碗中的勺子。

（2）煮茶茶具

在唐朝，人们主要饮用饼茶，其次为末茶。当时盛行煮茶法，这种方法比痷茶法复杂得多。因此，煮茶茶具的种类也较以前丰富了许多。陆羽在《茶经·五之煮》中详细地记载了煮茶的方法：

民间饮茶，要先对茶进行处理，

"若茶之至嫩者，蒸罢热捣"，茶饼在饮用前要先经过烘烤去掉水分，再将茶碾成粉末，用茶罗筛成茶粉后放到锅里煮。

"其水，用山水上，江水中，井水下"。煮茶的时候有三个步骤："其沸，如鱼目，微有声，为一沸"，水刚开的时候，水面会出现如鱼眼一样的水珠并出现微小的声音。这时要在水中加入少量的盐来调味；"缘边如涌泉连珠，为二沸"，这时需要准备一瓢开水留作备用。再用竹夹不断地在锅中搅拌，使水呈漩涡状，然后将茶粉倒入锅内。"腾波鼓浪，为三沸"，此时将备用的水倒入锅内，煮沸后，就可以饮用了。

由此可见，煮茶的茶具至少应包括：烧火器具（风炉）、炙茶器具、碾茶器具、煮茶器具、存盐器具、饮茶器具、贮水器具、洗涤器具、存放器具等。其中最重要的茶具是烧火的风炉、碾茶的碾和罗、煮茶的镀和饮茶的碗。

（3）点茶茶具

唐代晚期至宋代，点茶法逐渐盛行，成为两宋饮茶的主流形式。点茶法是中国古代茶艺的代表之一。由于饮茶方式的变化，出现了新的茶具——茶筅。

最早具体描述点茶茶艺的是北宋蔡襄的《茶录》。点茶法主要有备茶（炙、碾、磨、罗）、备器、取火、候汤、熁盏、点茶（调膏、击拂）等。汤瓶置风炉上取火候汤，点茶水温为初沸或二沸，过老或过嫩皆不好。熁盏令热，用茶匙量取茶粉入茶盏，先注汤少许，调成膏状，然后边

注汤边用茶筅环搅，待盏面乳沫浮起是谓茶成。点茶法可直接在小茶盏中点茶，也可在大茶瓯中点茶，再用勺分到小茶盏中饮用。

点茶法中，主要的点茶茶具有茶碾、茶罗、茶盏、茶匙（筅）、汤瓶。辅助性的点茶茶具有：茶焙、茶笼、茶磨、茶刷等。

（4）泡茶茶具

明朝初年，散茶独兴，明朝后期泡茶法取代点茶法。点茶法是中国明清以来的主导性饮茶方式。泡茶法有两个来源，一是源于唐代"庵茶"的壶泡法；一是源于宋代点茶法的"撮泡法"。

泡茶法和今天的盖碗泡法基本一致。也有将茶叶放到茶壶里冲泡的，相当于今天的壶泡法。最典型的壶泡法是功夫茶。因此，茶杯、茶壶成为泡茶茶具中最重要的茶具。茶壶、茶杯与烧火的

炉子、烧水的水壶并称为功夫茶的"四宝"。

3. 茶具的发展与演变

从某种意义上说，一部茶具的发展史就是浓缩了的茶叶发展史。茶具同其他饮食器具一样，经过了一个从无到有，从粗糙到精致的发展历程。

最初，我们的祖先把茶叶作为一种药物食用。后来，茶由药用转变为日常饮品，逐步超越了自身的物质属性，迈入了一个精神领域，成为一种文化、一种修养、一种境界的象征。与此相应，茶具的发展，也表现为由大趋小，自简趋繁，复又返璞归真、从简行事的过程。它与时代风气相涤荡，逐渐趋于艺术化和人文化。

茶具的出现是在茶被作为日常饮用的饮料之后。最早的茶具是与酒具、食具共用的。根据出土的文物判断，我国出现的最古老的茶具应该是陶土制的缶——一种小口大肚的容器，它既可用来煮茶，也可作盛具用。缶虽形状古朴，但笨重粗糙。

公认的我国最早出现的饮茶食用器具是在西汉。这一时期出现了釉陶茶具，外表光亮平滑，且色彩鲜艳，初现了茶具的艺术性。从汉代以后至隋朝出土的茶具来看，在漫长的岁月中，茶具与酒具、食具并没有出现严格的区分，它们有时还是共用的。

唐代时，茶已经成为国人的日常饮品。茶具不仅是饮茶过程中不可缺少的

器具，而且有助于提高茶的色、香、味，具有实用性。陆羽在《茶经》中提到，唐人饮茶前要先欣赏茶具，且选用茶具很有讲究。茶具在唐代得到迅速的发展。中唐时，不仅茶具门类齐全，而且讲求茶具质地，注意因茶择具。唐代茶具以古朴为特点，以陶瓷茶具为主，同时贵族、富家也出现了金、银、铜、锡等金属茶具。唐人多用茶碗，茶碗首推越州窑产的窑瓷，越瓷色青，茶色显绿，造型美观。

宋代流行点茶法，这种方法源自唐

代。因此，宋代的茶具与唐代大体一致。从茶具的风格来看，宋代茶具以绮丽为时尚。宋代茶具较之唐代，变化的主要方面是煎水用具改为茶瓶，茶盏为黑色，又增加了"茶筅"。这一切，都是与宋代风行的"斗茶"时尚相适应的。

"盏"是一种浅而小的杯子，并配以盏托。宋人喜欢黑盏，因为当时茶色较白，黑色盏可与茶色相呼应。福建建窑的茶盏被视为上品。"建盏"又称天目盏，是宋代八大名盏之一。建盏造型古色古香，其色如漆，银斑如星，质地如铁，击声如磬，盛汤时只见汤花泛起，银星闪烁，堪称中国古代茶具之一绝。

元代茶具上承唐宋，下启明清，是中国茶具发展史上的过渡阶段。元代时青白釉茶具较多。

到了明清时期，茶具有了进一步的发展。茶具在明代发

生了一次大的变革。明代人以饮用散茶为主,因此茶壶在明代出现,成为明代的一大特色。唐 宋时期的炙茶、碾茶、罗茶、煮茶器具等逐渐退出人们的生活。明代中叶出现紫砂壶。唐寅《品茶图》中绘有茶壶等茶具,明代江西景德镇瓷茶具,以质地细腻、色泽鲜艳、画意生动而驰名于世。《帝京景物略》中有"成杯一双值十万钱"之说。

清代的茶具无论在种类还是在形式上都没有突破前人的规范。但是,由于茶

类在清代有所发展，清代的茶具艺术也随之达到新的高度。煎火的小茶炉"文火细烟，小鼎长泉"，润泽薄密的白瓷、青瓷茶盏，让人爱不释手。清代广州织金彩瓷、福州脱胎漆器、四川的竹编茶具等茶具相继问世，使清代茶具呈现出多样化的特点。

到了近代，又出现了玻璃茶具和搪瓷茶具。这些茶具造型优美，兼具实用和观赏价值。

我国的茶具林林总总，茶具艺术绚丽多姿。如今，茶具已经成为人们生活中重要的组成部分。

二、紫砂壶

（一）紫砂陶概况

紫砂陶指用紫砂泥、红泥或绿泥等制成的质地较坚硬的陶制品。紫砂是陶土的一种，但是全世界只有在中国宜兴才有紫砂。用紫砂陶土制成的紫砂器，无论其原本的颜色是什么，在器具的表面都隐含着若隐若现的紫光，使其具有质朴高雅的质感。

紫砂陶原料颜色鲜艳，粘中带砂，柔

中见刚, 富有韧性。用紫砂陶土制作的成品, 因其表面具有特殊的沙粒感, 故得名"紫砂"。又因为紫砂陶的原料色彩斑斓, 而被誉为"五色土"。根据调配方法及烧成温度的不同, 制成品分别呈现出天青、栗色、暗肝、梨皮、米黄、朱砂紫、海棠红、青灰、墨绿等几十种颜色。它的颜色烧成之后, 不会褪色。经过泡茶滋养后, 可呈现出温润柔和的质感, 与其他陶土混浊不清的色泽有很大的区别。

由于紫砂泥中含有氧化铁、氧化铝、

氧化镁、氧化钾、氧化钠、氧化铅、氧化锰等化学成分，使得紫砂的成品吸水率小于2%，气孔率介于一般的陶器瓷器之间。紫砂茶具有良好的透气性，茶水放在紫砂壶内，味道可以保持几天不变。

此外，由于紫砂陶器有吐纳的特性，日久不用便会吸收空气中的尘埃，若拿来装油，油味便会积贮在胎土内，很难清除；泡茶则将茶味贮留下来。当紫砂壶遇热时，胎土温度上升，紫砂的气孔张开，将胎土内贮藏之物吐出来。若贮存的是茶，就会吐出茶香；若贮存的是尘垢，就会吐出尘垢。因为紫砂壶具有贮换功能，所以用紫砂壶来泡茶效果最好。

紫砂泥的材质特点归结起来，有四个方面：

（1）可塑性好。紫砂泥可任意加工成大小各异的不同造型。制作时

粘合力强，但又不粘工具不粘手。这就为陶艺家充分表达自己的创作意图、施展工艺技巧，提供了物质保证。

（2）干燥收缩率小。紫砂陶从泥坯成型到烧成收缩约8%左右，烧成温度范围较宽，变形率小，因此茶壶的口盖能做到严丝合缝，造型轮廓线条规矩严而不致扭曲。

（3）紫砂泥本身不需要加配其他原料就能单独成陶。

（4）紫砂泥土成型后不需要施釉。

它平整光滑的外形，用的时间越久，就越会发出一种黯然之光。这也是其他质地的陶土无法比拟的。

正因为紫砂陶有如此多的优点，以及紫砂陶的实用功能，加上陶艺家巧夺天工的制作技艺，使紫砂陶成为当之无愧的世界名陶。

紫砂泥的发现有一个有趣的传说。相传古时候，有一个僧人路过某村落时，向村人高呼："卖富贵土。"大家并不相信僧人的话，还纷纷嘲笑他。但是僧人不以为怪，依旧高呼"贵不要买，买富如何？"并引导村民跟他上山。僧人用手朝黄龙山深处一指，转身离去。村人依言发掘，果然挖到一种五色缤纷的土，红的、黄的、绿的、青的……灿烂光亮，奇丽极了。从此以后，一传十、十传百，鼎蜀山村的村民都来锄白砀、凿黄龙，挖掘这山间的"富贵土"，开始烧造最早的紫砂壶。

　　烧制紫砂壶所用的原料统称为紫砂泥。江苏宜兴的紫砂泥是烧制紫砂壶的上等原料。宜兴陶土资源丰富，主要的种类有白泥、嫩泥、甲泥、紫泥、红泥及绿泥。

　　白泥是一种高岭土矿，用于生产砂锅、煨罐和彩釉工艺陶，原泥呈灰白、桃红和象牙白等色。经淘漂压滤后，表面细腻光亮，烧成以后呈象牙色。

　　嫩泥又称黄泥，这种泥质地较纯，风化程度好，具有很强的可塑性和粘合能力，可以保持日用陶器成型性能及干坯强度，是日用陶器中常用的结合黏土。

甲泥属于硬质骨架泥岩，是制作日用陶器大件产品必不可少的原料，未经风化时被称为石骨。甲泥的种类很多，按颜色和厚度的不同，分别冠以产地名称。如本山甲泥、东山甲泥等。甲泥的颜色有紫红色、紫青色、浅紫色和棕红色。

紫泥，古称青泥，是制作紫砂壶的主要原料。紫泥深藏于甲泥之中。因此，紫泥又有"岩中岩""泥中泥"之称。紫泥的种类较多，有梨皮泥、淡红泥、淡黄泥、密口泥、本山绿泥等。

红泥，或称朱泥、石黄泥，也是制作紫砂壶的主要原料，产量较少。矿石呈橙黄色，埋藏在泥矿的底部，质坚如石。因为红泥的产量很少，一般只用作着色的原料。如在紫泥制成的胎面，再涂上一层朱泥，就可以烧成粉红色。

绿泥是紫泥矿层上面的一层绵头，

产量不多，泥质较嫩，耐火力比紫泥低。绿泥大多用作胎身外面的粉料或涂料，使紫砂陶器的颜色更为多样。如在紫泥塑成的坯件上，再涂上一层绿泥，可以烧成粉绿的颜色。

不同种类的陶土开采方式有所不同。紫砂陶土的开采方式有露天开采和坑道开采两种。其中，露天开采也称为明掘。凡是覆盖层较薄的矿体，接近地表，废土量不大的山坡，在探测确定后，均可采用露天开采的方法。如嫩泥多产于土质山地，泥层离地表不过四五尺，因此可以用明掘的方法开采。

坑道开采也称暗掘。坑道开采要按照一定的顺序进行，在地下矿床或围岩中把陶土开采出来。甲泥多产于黄石岩下，矿层离地面较深，采掘工程比较艰巨，一般用矿井式采掘，紫砂青泥和其他甲泥用隧道式。这两种采掘方法都叫做暗掘。

（二）紫砂壶的演变与发展

早期的紫砂器与其他陶器并无不同之处，它的用途无非是盛水置物。紫砂作为茶具始于北宋，盛于明清。紫砂器以茶具的身份出现后，它的独特品质就如金子在沙砾中光芒四射。

北宋仁宗时期的著名现实主义诗人梅尧臣在《宛陵先生集》中有两句诗："小石冷泉留早味，紫泥新品泛春华"，诗中的"紫泥"被认为是我国关于紫砂的最早记录。除梅尧臣外，欧阳修、苏东坡等诗人也有诗句描写紫砂器。苏东坡在谪居宜兴时，还亲自设计了一种提梁式的紫砂陶茶壶，"松风竹炉，提壶相呼"，烹茶审味，怡然自得，有"饮茶三绝"之说。后人将这种式样的提梁壶命名为"东坡

壶"，相沿至今。（二）

元代至明代前期的二百多年间，民间记载紫砂茶具的资料并不多见。当时虽然有少数文人对它发生兴趣，但并未得到士大夫阶层的普遍赏识。明代早期的紫砂壶尚属煮茶茶具，其做工粗糙、器具缺少变化，形制仅有高颈、矮颈、提梁和六方长颈等。

明代中叶以后，人们的饮茶方式发生了巨大的变化，紫砂壶的功能也随之变化。由于当时人们开始改用芽茶，冲泡后茶色发绿，故以白釉小盏最为适宜。但盏茶有易冷、落尘的缺点，所以明代人逐渐改用茶壶来饮茶，并逐渐成为社会的风尚。明代的冯可宾在其著作《岕茶笺》中说："茶壶以窑器为上，又以小为贵，每一客，壶一把，任其自斟自饮，方为得趣。壶小则香不涣散，味不耽搁。"

精通茶事的评论家认为："茶壶以小
为美……何也？壶小则香不涣散，味不耽
搁，况茶中香味，不先不后，只有一时，太
早则未定，太迟则已过。恰好一泻而尽，
化而裁之，存乎其人。"许多紫砂壶名家
受此启发，开始制作适合当时饮茶方式
和文人趣味的小茶壶。因此当时就有了
"千奇万状信手出，巧夺坡诗百态新"的
诗句。

小壶的出现，增加了紫砂壶的把玩
性。紫砂壶使用越久，器身会因为抚摸
擦拭而变得越发光亮照人，气韵温雅。所
以闻龙在《茶笺》中说："摩掌宝爱，
不啻掌珠。用之既久，外类紫玉，内
如碧云。"

明代紫砂陶艺大师辈
出。有传器可证的最早的紫砂
壶名手，当推明代正德年间的
金沙寺僧和供春。相传供春在金沙
寺向僧人偷师。他所做的壶，不仅适合

泡茶，而且颇具审美情趣。后人把他奉为紫砂壶艺术的开创者，"陶壶之鼻祖，天下之良工"。是他把紫砂茶壶从一般的粗糙手工业品发展为精美的工艺美术品。

明代的紫砂壶用砂粗砺，器形古朴庄重，在成型工艺和烧制技术方面大有发展，但总体而言实用功能还不够强，特别是壶嘴。大部分嘴形较瘦，嘴面上采用刀切手法，嘴孔较小，而且壶身与壶嘴衔接处的出水孔大多挖得不正，虽是独孔，但出水仍不够流畅。此外，壶把以提梁式为主,泡茶也不方便。这一时期的紫砂壶技术还很不完善。

清代制壶技艺逐渐成熟,在嘴孔和嘴型方面比明代进步了许多。除了嘴型和嘴孔变大外,壶身和壶嘴的衔接处挖的出水孔也比较圆,特别是在壶身里面和壶嘴衔接处出现了填泥。填泥的出现使壶身与壶嘴衔接处更为通畅,出水时的阻力大大减少。紫砂壶的实用功能得到了提高,越来越多的人喜欢用茶壶泡茶。

在基本工艺进步的同时,装饰艺术也有了较大的创新,紫砂壶更具欣赏性。紫砂壶在作为宫廷贡品之后,装饰手法空前多样。泥绘、浮雕、描金、印花、贴花、粉彩、珐琅彩等工艺的掌握和运用,将各种各样的装饰技法巧妙地结合到一起,或古朴典雅,或工巧丽妍,使紫砂壶变得艳丽缤纷。

清嘉庆、道光年间一位叫曼生的

文人与制壶艺人杨彭年等人合作，设计制作了却月、横云、合欢、饮虹、镜瓦等壶型，又邀请文人好友为之绘画、刻文，使得紫砂壶成为高雅的陶艺作品，把艺人和文人合作的风气推到了极致。紫砂壶原本只是一件喝茶用具，因文人和艺人的合作，演变为融陶文化、茶文化以及诗文、书画、篆刻等诸多中华传统文化元素为一体的，极具中华传统文化代表性的高雅之品。可以说，曼生让紫砂真正进入了文人壶时代，提升了陶手对传统文化的认识，更是直接把华夏文明的要素融入紫砂茶器之中。由于主流文化元素的进入，使得紫砂壶身价倍增，一些书画名家也因作品刻绘在紫砂壶上得以名扬天下，可以说二者是相互辉映的。

民国之后的紫砂制作呈现出百花齐

放、名家辈出的势头。20世纪初，中国民族资本主义蓬勃兴起，商业逐渐发展，紫砂壶的生产更趋于商业化。一些古董商人出高薪聘请紫砂名家，专门依样仿制古代名器。当时仿得最多的是时大彬、徐友泉、陈鸣远的作品，手段高超到几乎难以辨识真伪，只有仿者留下专门辨识记号的方可鉴定真伪。

（三）紫砂壶的烧炼

陶器是泥土和火结合的艺术，人类祖先借助火的威力赋予泥土以生命，使泥土有了新的意义。陶器是在窑洞中烧制而成的。最原始的窑基本上是利用现成的山洞或者靠人力挖掘洞穴而成。

在紫砂壶烧炼的历史上，前后共经历了龙窑、倒焰窑（包括方、圆、间隙式窑）、隧道窑（烧煤、烧重油或用电）、推板窑（烧煤、用电或烧液化气）和现今普

遍采用的电炉五种窑炉的演变。其中，龙窑使用的时间最长，直到1957年才被倒焰窑取代。1973年，隧道窑又取代了倒焰窑。

龙窑最早出现于我国战国时代。它依一定的坡度建筑，以斜卧似龙而得名。龙窑是用砖砌筑成直焰式筒形的穹状隧道，结构简单，分窑头、窑床、窑尾三部分。龙窑一般长约30至70米，高约12米，倾斜度在8至12度之间。龙窑因建在山坡上，采用自然通风的方式，火焰抽力大，升温快降温也快，还可以快烧，所以烧制的陶器产量很高，一般生产周期为4天左右。

明清时期的紫砂壶多为龙窑烧造。龙窑的烧窑操作，全靠烧窑工人的熟练技巧，以目光观测火焰温度与坯体的变化情况。所以，烧窑时必须掌握"缓烧勤看"的原则。紫砂壶的烧炼是一门精深的学问。只有烧窑者运用精湛的烧成技术，才能获得人们所要求的紫砂色泽。如何控制火焰的性质,使之满足紫砂壶烧成的需要,是烧窑操作的主要内容。

窑火燃烧时,随着温度的升高,陶坯颜色也在不断地变化。陶坯在400℃时呈暗红色,600℃时呈桃红色,800℃时呈鲜红色,1000℃时呈黄色,1200℃时呈浅黄色,1400℃时呈白色,直到1600℃时呈耀眼的白色。这些全凭烧窑工人的熟练技巧,靠目光观察,根据火焰的温度和坯件的变化来增减燃料以及空气流量,缩短

或延长烧炼时间，使产品合乎规格。窑火要烧到1000℃上下，陶器才能烧成，所谓千度成陶。宜兴紫砂壶所需的烧成温度在1000℃—1250℃之间。这种火焰色调很难掌握，"过为则老，老不美观；欠火则稀，榍沙土气"。

紫砂壶入窑烧炼后耐火度较高，不易变形但容易变色。起初，紫砂壶烧成后的颜色呈紫色，这是一种古雅幽静的色调。明万历三十年，紫砂名家时大彬精选上等紫砂泥，调配成各种泥色用以制作紫砂壶。陶工们运用不同的火焰，烧成各种多变的颜色，如海棠红、朱砂紫、葵黄、墨绿、白砂、淡墨、沉香、水碧、冷金和闪色等，此外还有葡萄紫、榴皮、梨皮、豆青、橘柚黄、新桐绿等色。其中，最好的是紫色，紫色壶入窑烧炼即呈古雅的青黑色，俗称乌灰。这些色彩，有的是泥料的天然本色，有的是艺人们利用不同的泥料调配而成，并在烧炼过程中发生种种物理变化或化学变化所形成的。

1932年，我国窑炉发展史上的第一座倒焰窑建成。倒焰窑，顾名思义，就是火焰在窑中下行的流动情况。倒焰窑是一种间歇式的窑炉。由于倒焰窑的窑顶是密封的，火焰不能继续上行，只得在烟囱的抽力作用下向下流动，经过匣钵柱的间隙，从窑底吸火孔进入支烟道及主烟道，最后由烟囱排出。人们习惯上把火焰从下到上称为"顺"；把由上向下流动的火焰称为"倒"。"倒焰窑"的称呼由此

而来。

倒焰窑的优缺点都很明显。

优点是由于火焰从喷火口出来后，在上行至窑顶的过程中通过对流、辐射把热量传给烧制品。当火焰到达顶部时，又对顶部制品进行加热，然后折向下行，在下行时又对流、辐射对制品进行一次全面充分的加热。又因为倒焰窑是一种间歇式的窑炉，可以根据不同的制品来调节烧成温度，具有很强的适应性。这是其他窑炉无法匹敌的。

当然，倒焰炉的缺点也是不应该被忽视的。为了防止倒焰炉内的烧制品出现上下受热不均的情况，需要陶匠不断地向炉内提供很多的热量，这也提高了工人的劳动强度。又因为倒焰炉是一种间歇式的窑炉，里面的余热难以被利用，造成了能源上的浪费，无形中提高了烧制的成本。

正因为倒焰窑的诸多局限，1965年，我国第一座隧道窑在宜兴建成。隧道窑是现代化的连续烧成陶瓷制品的热工设备，始于1765年。当时，隧道窑只能烧陶瓷的釉上彩。1810年，出现可以用来烧砖或陶器的隧道窑，但都不够理想。

隧道窑通常为一条长的直线形隧道，其两侧及顶部有固定的墙壁和拱顶，底部铺设的轨道上运行着窑车。燃烧设备设在隧道窑的中部两侧。

隧道窑与倒焰窑相比，具有一系列的优点。首先，隧道窑可以使生产连续化。陶瓷器具的烧成时间短，产量大，质

量高。普通大窑由装窑到出空需要3—5天时间,而隧道窑仅需20小时就可以烧制完成。由于窑内预热带、烧成带、冷却带三部分的温度,常常保持一定的范围,容易掌握其烧成规律,因此质量较好,破损率也小。其次,隧道窑利用逆流原理工作,因此热量的保持和余热的利用良好,比倒焰窑节省燃料。第三,陶艺工人在烧火时操作简便,而且装窑和出窑的操作都在窑外进行,这大大改善了操作人员的劳动条件,减轻了劳动强度。最后,由于窑内不受急冷急热温度的影响,窑体使用寿命长,隧道窑及窑具的耐用性能良好。

但是,隧道窑建造所需材料和设备较多,投资较大。因是连续烧成窑,所以烧成制度不宜随意变动,一般只适用于大批量的生产和对烧成制度要求基本相同的制品，灵活性较差。

（四）紫砂壶的制作工艺与造型艺术

1.紫砂壶的制作工艺

宜兴紫砂壶的传统全手工成型技法由金沙寺僧始创，经供春发展，时大彬完善而传承至今。它秉承了宜兴传统的陶器制作技法，自成一格，在中外陶瓷史上有着巨大影响力。

全手工成型方法采用泥条、泥片镶接拍打成型来制作圆器；用泥片镶身筒

成型来制作方器。这种制作方法可以尽情地展现紫砂艺人的创作才华，设计制作出造型各异、令人赏心悦目的优秀作品。用此方法成型的作品，摆脱了模制壶的呆板和匠气，显得气韵生动、风致天然，受到历代藏家的追捧。

全手工成型的制作工艺难度较高，制作过程中不确定因素较多，需要制作者不断作出相应的调整。每一件精致茶具的诞生，都要求制作者有娴熟的制作技巧、扎实的基本功，还要具备极佳的心理素养和独到的眼光。

紫砂壶的制作工艺较为复杂，我们以方壶的制作为例，向大家简单地做一介绍。方壶的制作大体上有五个步骤：

（1）泥料的选择。制作方壶重视对泥料的选择，一定要选择收缩小的泥料。如果选择的泥料收缩较大，即使做壶的时候非常用心，也很难过烧成这一关。在泥料选择方面，以选择收缩率在8%左右的泥料为宜。

（2）镶身筒。镶身筒之前要做好打泥片、凉泥片、匀泥片和裁泥片的工作。把裁好的泥片镶接成壶身的工作就叫做镶身筒。壶身及壶嘴的连接一般采用沾嵌法。在打壶嘴的泥片时，一般壶嘴的根部比口部稍厚一些。

（3）拍身筒。拍身筒是全手工制作方器壶里最重要的一项工作。壶身是否饱满、挺括全由拍身筒的情况决定。抓、拿、拍、刮都应尽量抓拿壶体的边角，壶面应尽量少用力。拍身筒的工作包括处理好各种壶体的线条，面与角的处理等，各种角与线的表现或粗犷或丰腴或刚健等，都可因艺人处理手法的不同而呈现不同的效果。拍身筒要一直做到自己满意为止。

（4）做壶盖。拍完身筒后，接下来的工作就是做壶底和壶盖了。壶底的做法因壶的造型不同而各不相同。方壶一般分为嵌盖和压盖。做壶盖的样板必须非常标准才行，不允许有丝毫的差错。在做嵌盖的时候，样板不能有丝毫的移动，可以在壶面上喷洒些水雾来帮助固定样板。

（5）上子口。上子口是方器壶制作中又一项至关重要的工作。如果这道工序没有做好，那么，前面所有的工作都是白费劲。上子口直接关系到壶盖的平整度。

总之，一把紫砂方壶品质的好坏与制作者的技巧、功力和对泥料的收缩和烧成温度的高低把握等诸多因素有着密切的关系。

2.紫砂壶的造型艺术

　　紫砂壶造型多样，殊型诡制，种种不一。简简单单的一块紫砂泥，经过制陶艺人的一双手，就会变成形形色色的美妙用具。明明是茶壶和茶杯，可外表却像牡丹、莲花、竹节、松段。

　　紫砂壶的造型一般可分成三类：一是几何形体造型，二是仿自然形态造型，三是筋纹造型。

　　（1）几何形体造型

　　几何形体造型俗称"光货"，即不加任何装饰，或仅用一些简洁的线条进行装饰的紫砂壶。这又可分成圆器和方器两种。

　　紫砂壶的造型"方非一式，圆不一相"。即使都是圆器，形态也各不相同。但总的审美标准要求圆器达到"圆、稳、匀、正"。圆，指各种曲线、抛物线都要圆润饱满，整体达到"珠圆玉润"的艺术效果；稳，指要大方有度，在流动的节奏中又不失稳定之感，具有古朴而又沉稳的韵律；匀，要求壶体与盖、肩、腹、底、嘴、纽、把、足以及各部过渡处匀称自然、浑然一体；正，指制作严谨、规范、圆正。这样制作出来的壶体本身以及附件的大小、曲直匀称，比例恰当，整个造型端正挺括，才富有美感。

对紫砂方器造型来说，主要由长短不同的直线组成。要求壶的整体造型明快、工整、有力、挺拔、雄浑、具阳刚之气。此外，还应当以方为主，方中寓曲，曲直相济。

不论是圆器还是方器，紫砂壶的壶盖都必须规划统一，盖的时候能与壶口准缝吻合。圆形的壶盖能在壶口很平稳地通转一周，方形的盖任意调换方向都能很顺滑地合到口上。此外，壶把、盖纽和壶嘴在视觉上要呈一条直线，即三点一线。

（2）仿自然形态造型

仿自然形态造型俗称"花货"。这类造型取材于植物、动物的自然形态，常带有一些浮雕、半浮雕装饰，模拟自然形态，或运用雕镂捏塑的手法，将自然形态变化为造型的部件，如壶的嘴、把和提梁。仿植物、动物外形的花货，特殊之处在于对实物的抽象比例拿捏，一把好壶应抓住实物的内涵而作，而不是完全相同照抄，且做工精巧，结构严谨。

在模拟物象的同时，历代紫砂名家

还创造出许多装饰技法：绞泥、浮雕、堆绘、陶刻、釉彩、抛光和包铜、金银丝镶嵌等等。

（3）筋纹造型

筋纹造型俗称"筋囊货"，是将花木形态规则化，将形体分作若干等分，表现出生动流畅的筋纹。造型要求匀称协调、对称合一、凹凸有致，具有一种秩序美。如明代的李茂林所做的"菊瓣筋囊壶"，模仿菊花瓣的筋纹线分布均匀，凹凸相间，棱线延伸到肩、颈和壶盖，对应十分吻合，上下一体，造型工整严密，形制稳健优美。

筋纹造型创烧于宋代，兴盛于明清，传承至今，技艺日臻完美的紫砂陶工艺，融入了千百年来历代壶艺家独具匠心的审美情趣和智慧，其以独特的材质、丰富的色彩、多样的形态、深厚的文化内涵，成为中国陶瓷艺苑中的一朵奇葩，也使紫砂壶从煮水冲茶的普通器具，变为文人雅赏、世人珍藏的艺术珍品。

（五）紫砂壶的款识

紫砂款识是指用铄印或者刀镌在紫砂陶器的底部、盖内、錾下等处制作者或定制者、监制者的印记。紫砂壶的款识，是鉴定其年代及制作者姓名的重要佐证，也是文博古玩和拍卖界对壶估价的唯一依据。

紫砂款识与其他陶瓷制品的款识不

同，如今已成为紫砂艺术不可缺少的组成部分。一把没有款识的壶使人感到不完整，价值平平，而一把款识不好的壶也使人感到艺术内涵不够。历来制壶高手、名家对用印钤款都十分讲究。用印钤款也涉及制作者的艺术素养，壶外功夫于此可见一斑。用印不当会弄巧成拙，反之会锦上添花。

紫砂壶款识的发展既与紫砂陶的演变紧密相连，又与当时的书法篆刻同步发展。大体经历了由毛笔题写、竹刀刻划、用印章钤印的工艺演变过程。

紫砂鼻祖供春所做的"供春壶"是没有款识的。钤有"供春"二字的壶，皆为历代紫砂艺人的仿制品。明代万历年间，时大彬制作的"时壶"是目前见之于实物的最早的紫砂名壶。

自明代时大彬始，经清代、民国至当代的紫砂器，其印鉴款识的表现方法有两种：一为胎体，即刀刻、印章钤印；二为彩釉，即釉上彩。

明代流行刀刻款识，刻款字体多为楷书。由于陶匠使用的刀具和刀法不同，出现了两种不同效果的款识：一种是等线体字，即每个字的笔画粗细基本一致；另一种是有书法韵味的楷书或行书体款识。

时壶上的款识最初是由时大彬请善于书法的人用毛笔预先题写在紫砂胚体上，然后在紫砂壶快干时，用竹刀在胚体上依毛笔的提顿转折逐笔刻划上去。经过一段时间之后，时大彬不再请人落墨，自行以刀代笔，赋予款识个人风格，以致别人无法仿效，这成为历代鉴赏家鉴定"时壶"的重要依据。

除时大彬外，明代紫砂艺人中以刀刻划署款的还有李仲芳、徐友泉、陈信

卿、沈子澈、项圣思等人。用刀刻署款要求紫砂艺人具有一定的书法基础和较高的悟性，这不是所有人都具备的能力。因此，一部分紫砂艺人只得请人落墨镌款，于是就有"工镌壶款"的专门人才，明代的陈辰就是其中著名的一位，请他镌壶款的人很多。这也给历代鉴赏家们带来不少困扰：许多作品虽出自不同艺人之手，但所镌壶款却由一人为之。

明末清初时期，印章款逐渐流行起来。现藏于旧金山亚洲美术博物馆内的六角水仙花壶（许晋侯作品）是我们目前所能见到的由刻款改用印章的较早实物。这一时期紫砂壶款识的特点是刻款和印章并用，具有明显的过渡特征。

陈鸣远是这一时期的代表性紫砂艺人。他同时运用刻划与印章两种方式署款留名。刻划款主要在紫砂器腹、底部，印章主要在壶盖内、壶底等部位。陈鸣远在刻款钤印方式上，起到承上启下的作用，既继承了明代壶艺家显示自信、追求典雅质朴的艺术风格，又开启了清代钤印留名、以印代刻，诗、书、画相得益彰的新局面。

陈曼生承袭了陈鸣远的风格，在紫砂壶史上首次把篆刻作为一种装饰手段施于壶上，"曼生壶"因壶铭和篆刻而名扬四海。"曼生壶"的底印最常见的是"阿曼陀室"方形印，少数作品用"桑连理馆"印。

紫砂茶壶一般为一壶两印，一

为底印，盖在壶底，多为四方形姓名章；一为盖印，用于盖内，多为体型小的名号印。清代很多作品上有年号印，如"大清乾隆年制"，还有用商号监制印的，如"吉德昌制""陈鼎和"等，此类印鉴民国时期颇多，成为当时的流行趋势，用于壶盖上的印章款大多是这种商号款。在壶盖上镌款的茗壶一般都是普通茗壶，极少有精品佳作。

好的紫砂款识应具备以下特点：

（1）印章制作精美、考究。名家的印章或由本人刻制，或请篆刻名家为其量身制作，具有一定的艺术品位。而伪印章则难以达到这种水平，多呆滞无神。

（2）印章形式使用合理。在同一壶上使用的多枚印章钤印位置讲究，形式多样，整体上显得和谐统一。

（3）刻写、钤印位置适当。若紫砂壶的款识使用部位恰当，在一定程度上

可以对壶起到装饰作用。反之,如果壶
上没有铭刻诗句或题画,仅在壶腹正中
部位署一姓名款识,必然不是名家所为。
一般而言,紫砂壶的款识位于壶的盖内、
底、把梢、腹四个部位。用于壶盖,则处
于盖内孔的一侧;用于壶底,一般处于
中间位置;用于把梢,一般位于梢下壶
腹上;用于壶腹,则用于诗句、画的结尾
处。

(4)款识大小适宜。刻款、印章的
大小与壶本身具有一定的协调性。款识
的大小与壶的大小相协调,即壶大款识
大,壶小款识也相应
小;款识大小与款识所处
的部位相协调;底部的款识比盖
款、把梢款相应大一些,反之则
很有可能是伪品。

(5)款识刻画、钤印轻重
适度。名家壶的款识刻画整体和
谐统一,钤印用力均匀,深浅一致。

（6）风格协调和谐。名家壶的款识风格往往与其制壶的风格相协调，这与其审美观和情趣往往是统一的。一般来说，工艺精致的作品，款识娟巧秀丽；朴实奔放的作品，款识粗犷老辣；端庄稳重的作品，印章方正平稳。

（六）紫砂壶名家

1.金沙寺僧

金沙寺在宜兴西南镜湖山间，离鼎蜀镇约十余里，建筑宏伟。这里原是唐代宰相陆希声晚年隐居的地方，被称为"陆

相山房"，又称"遁叟山居"。

约明成化、弘治、正
德年间（1506—1521年），
江苏宜兴湖父金沙寺
内有一位未曾在历史
上留下姓名的僧人。他
被后人列为紫砂壶的创始人。

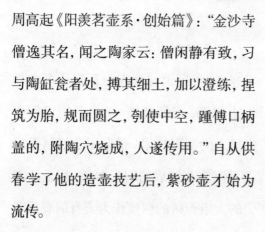

周高起《阳羡茗壶系·创始篇》："金沙寺
僧逸其名，闻之陶家云：僧闲静有致，习
与陶缸瓮者处，搏其细土，加以澄练，捏
筑为胎，规而圆之，刳使中空，踵傅口柄
盖的，附陶穴烧成，人遂传用。"自从供
春学了他的造壶技艺后，紫砂壶才始为
流传。

2. 供春

供春（约1506—1566年），又称供龚
春、龚春。正德、嘉靖年间人，原为宜兴
进士吴颐山的家僮。从紫砂壶推广的角
度而言，供春是公认的紫砂壶鼻祖。他的
传世之作有：树瘿壶、六瓣圆囊壶等。

相传供春的主人吴颐山在金沙寺复习迎考期间，供春在寺中看到一个老僧炼土制壶，成品精美，于是开始仔细研究僧人的制陶技术。供春用老僧制壶后洗手沉淀在缸底的陶土做坯，用金沙寺旁的大银杏树的树瘿作为壶身的表面花纹，用一把茶匙挖空壶身，完全用手指按平胎面，捏炼成型，制成几把茶壶。他的茶壶烧成后，茶壶表面上有"指螺纹隐起可按"的痕迹，显得古朴可爱，令人叹服。他制作的壶被称为"供春壶"。

供春壶造型新颖精巧、温雅天然，

质地薄而坚实，久负盛名，时人有"供春之壶，胜于金玉"的评价。供春所制茶壶，款式不一，而尤以"树瘿壶"最为著名。此壶乍看似老松树皮，呈栗色。凹凸不平，类松根，质朴古雅，别具风格。也许是出于对自己绝技的矜重受惜，供春的制品很少，流传到后世的更是凤毛麟角。

3. 时大彬

时大彬（1573—1648年），别号少山，明万历至清顺治五年宜兴人。时大彬是宜兴紫砂艺术的一代宗匠，宋尚书时彦裔孙，为著名紫砂"四大名家"之一时朋之子。

时大彬是万历年间紫砂艺术的集大成者，居"壶家妙手称三大"之首位。他的紫砂壶制作技术已经达到炉火纯青的境地。他对紫砂壶的泥料配制、成型技法、造型设计以及署

款书法，都有研究。时大彬确立了至今仍为紫砂业沿袭的用泥片和镶接那种凭空成型的高难度技术体系。

时大彬的作品风格古朴雄浑，作品初期模仿供春，喜作大壶。后根据文人饮茶习惯改制小壶，并落款制作年月。他的作品给人以耳目一新的感觉，被时人推崇为壶艺正宗。大彬署款，最初是请善书者落墨再自刻，以后直接运刀镌刻，书法闲雅俊秀，有晋唐意味，使其作品更具艺术韵致，为时人和历代所珍视。

时大彬的传世作品较多，海内外藏

家均有收藏。他的壶大多有"大彬"款识，以此作为识别标志。

4. 陈鸿寿

陈鸿寿（1768—1822年），字子恭，号曼生、老曼、曼公等，别称夹谷亭长、胥溪渔隐、种榆仙客、种榆道人，浙江钱塘（今杭州）人，生活在清乾隆、嘉庆年间。陈鸿寿工诗文、擅书画，精篆刻是著名的"西泠八家"之一，亦擅长砂壶设计，人称其壶为"曼生壶"。

陈曼生才气过人，擅长古文辞，以书法篆刻成名，一生酷爱紫砂壶。嘉庆六年（1801年），陈曼生设计壶样十八式，与杨彭年、邵二泉等紫砂名人合作，制作了大量的紫砂壶，也就是著名的"曼生壶"。曼生壶的造型有石兆、横云、井栏、合欢、却月、镜瓦、瓜形等十八种样式。由此他成为了"西泠八家"中最受关注的人物。

曼生壶也叫半瓢壶，以半瓢为器身，流短而直，把成环形，盖上设弧钮。陈曼生一反宜兴紫砂工艺的传统作法，将壶底中央钤盖陶人印记的部位盖上自己的大印"阿曼陀室""桑连理馆"，而把制陶人的印章移在壶盖里或壶把下腹部，如不留意，往往是看不到的。

曼生壶将紫砂壶艺术与文学、书法、篆刻等艺术要素相结合，形成了一种独特的文人壶风格。由于曼生壶具有较高的文化品位，多年来一直被人们所关注。曼生壶被认为是艺林珍品，存世之作极少。

5. 黄玉麟

黄玉麟（1842—1914年），原名玉林，曾用名玉麐。宜兴蜀山人，清末制壶名家。黄玉麟是邵大亨之后又一重要的制壶大家，擅制《掇球》《供春》《鱼化龙》诸式。他所制的壶选泥讲究，作品莹洁圆润，精巧而不失古意。

玉林7岁丧父，由母亲邵氏抚养成人。六年后由于生活所迫，母亲邵氏托远亲邵湘甫收玉林为徒。邵湘甫当时以制作粗货（一般日用壶、盆、罐）为业，壶艺并不出色。黄玉林跟随邵湘甫所学茶壶款式，主要是《仿古》《掇球》之类。

邵湘甫的邻居汪升义家是蜀山细货好手。汪升义的祖父也是个制壶艺人。汪家有一名叫《鱼化龙》的壶，黄玉林十分喜爱。闲暇之时总是瞒着自己的师傅，在工房里偷偷做《鱼化龙》茶壶。三年后黄玉林满师之日，将自己做的《鱼化龙》茶壶作为礼物送给恩师，一时赢得"青出于蓝"的美名。

黄玉林20岁之后改名为玉麐，并开始在茶壶上使用"玉麐"印章。玉麐在制作《鱼化龙》时，不断改进茶壶的样式。他制作的壶圆纯玉洁，整体丰满，龙头威武尊严，龙身扭曲变化，张口睁目中吞玩宝珠，敞开的两根龙须亦格外引人注目。鲤鱼图案随着龙的神气而更显精神，强化了"鲤鱼跳龙门"主题。龙腾鱼跃，十分生动，故有人赞誉玉麐为"玉麒麟出世"。于是，玉麐改名为"玉麟"。

光绪二十一年（1895年），黄玉麟受聘于大收藏家吴大澂府上为其仿古创新，精品迭出。进入盛年，黄玉麟技艺愈

深，造诣愈深，每制一壶，必反复斟酌推敲，精心构撰。他的作品很受鉴赏家珍爱。至民国三年（1914年），黄玉麟病逝于宜兴蜀山豫丰陶器厂厂房中，享年71岁。

6. 王寅春

王寅春（1897—1977年），江苏镇江人，紫砂茶艺名人。自幼家贫，13岁拜制壶艺人金阿寿为师，开始求艺生涯。三年后满师，24岁时在家自产自销紫砂壶。

王寅春是一位紫砂制作功力很深的艺人，以制作茶壶多、快、好而著称。他以创新品种占领市场，人称"寅春壶"。传世之作有亚明方壶、六方菱花壶、梅花周盘、半菊壶、小梅花壶、六瓣高瓜酒具、铜锤方方、圆条茶具、汉群壶、高流京钟等。

王寅春的技艺风格独树一帜，光素器和花塑器都带有强烈的个人特质；方器规矩挺括，敦厚朴实；筋纹器雍容大方，秀美可掬，很难有人企及。他所制的茶壶，造型雍容大方，光润和洽，口盖准缝严密，令人赞叹不已。

7. 顾景舟

顾景舟（1915—1996年），原名顾景洲。别称曼希、瘦萍、武陵逸人、荆南山樵。自号壶叟、老萍。宜兴紫砂名艺人，中国美术家协会会员、中国工艺美术大师、江苏省工艺美术学会理事、江苏省陶瓷学会名誉理事，曾任宜兴市政协常委、宜兴紫砂工艺厂紫砂研究所名誉所长。他在壶艺上的成就极高，技巧精湛，可以说是近代陶艺家中最有成就的一位。其作品在港、澳、台、东南亚等地影响巨大，被海内外誉为"一代宗师""壶艺泰斗"。其声誉可媲美明代的时大彬。代表作品有僧帽壶、汉云壶、三羊喜壶、汉铎壶、牛盖莲子等。

顾景舟从小立志于紫砂陶艺创作，

18岁拜名师学艺，年方20便已身列紫砂名手之林。数十年来深入钻研紫砂陶瓷相关工艺知识，旁涉书法、绘画、金石、篆刻、考古等多门学科。其作品特色为整体造型古朴典雅，形器雄健严谨，线条流畅和谐，大雅而深意无穷，散发着浓郁的东方艺术特色。

顾老的紫砂作品以茗壶为主，以几何形壶奠定自己的个人风格，并与韩美林、张守智等人合作，开创了紫砂茗壶造型的新意境。顾景舟一生制作的紫砂壶数量不是很多，件件堪称精品。

20世纪50年代初，顾景舟收徐汉棠为第一个徒弟。此后几十年间，顾老可谓桃李满天下。

三、紫砂艺术鉴赏

（一）紫砂艺术鉴赏

中华民族是一个喜好饮茶的民族，所谓"开门七件事：柴、米、油、盐、酱、醋、茶"，茶已经深深地融入百姓的生活中。饮茶需要好的茶具，而在诸多的茶具中，以宜兴紫砂茶壶最受世人的欢迎。

紫砂壶从被烧造出来的那一刻起，便注定终身与茶结缘。不用来泡茶的紫砂壶就像失去了生命的躯壳，没有任何意

义。这一点，在嗜茶者中早已形成共识。不管爱茶者如何滔滔不绝地讲述自己对茶道的理解，若无一把上好的紫砂壶，配以绝好的茶叶，这一切都缺乏了底蕴与信服度。赏茶之士在把玩茶具、细品茶香之时，感受那份静谧与惬意。

如何欣赏、鉴定一把紫砂壶的好坏对茶道爱好者来说十分重要。什么样的紫砂壶才算得上是一把好壶呢？通常来讲，好的紫砂壶应该同时具备四个要素，即形、神、气、态俱佳。"形"指形式美，作品的外轮廓，也就是具象的面相；"神"即神韵，是一种能令人意会到的精神意味；"气"指气质，是壶艺所有内涵的本质美；"态"即形态，作品的高、低、肥、瘦、刚、柔、方、圆等各种姿态。只有将这四个方面融会贯通才能称得上是一件完美的作品。

紫砂艺术是一种"源于生活，高于生活"的艺术创作形式。一件好的紫砂壶，除了讲究形式的完美与制作技巧的精湛，还要审视纹样的适合，装饰的取材以及制作的手法。这些方面构成了紫砂壶的全部内涵。形式的完美指壶的嘴、扳、盖、纽、脚，应与壶身整体比例相协调。制作技巧的精湛与否决定了紫砂壶的优劣。

紫砂壶历来被分为四个档次：日用品壶（即大路货）、工艺品壶（即细货）、特艺品（即名人名家的作品）和艺术品（富于艺术生命的作品）。区分紫砂壶不

同档次的标准概括地说是：泥、形、工、款、功。前四个字属于艺术标准，后一个字为功标准。

一是"泥"。制作紫砂壶的泥料全世界只有中国宜兴才有。由于紫砂原料中的分子成分与其他地方泥料的分子成分不同，所以就决定了用紫砂烧制出来的茶具带给人的官能感受也不尽相同。评价一把紫砂壶的优劣，首先应该是紫砂泥质的优劣。

二是"形"。古人制壶十分讲究壶的形状，紫砂壶形是存世的各类器皿中最为丰富的。如何评价这些壶的造型,各家说法不一。紫砂壶是整个茶文化的重要组成部分,它所追求的意境应该与茶道所追求的意境相统一。茶道追求的意境是"淡泊平和""超世脱俗"。因此,一把好的紫砂壶造型要淳朴美观、形体悦目、轮廓周正、比例协调、线条流畅、装饰具美感无累赘之处。紫砂壶的造形全凭感觉,只可意会、不可言传,艺术上的感觉全靠心声的共鸣,心灵的理解,即所谓"心有灵犀一点通"。

三是"工"。工指工艺。艺术有很多相通之处,紫砂壶的造形技法与国画之工笔技法有异曲同工之妙。这要求紫砂壶的做工要精致细巧、格律严谨,无瑕可寻。

点、线、面是构成紫砂壶的基本元素。点,须方则方,须圆则圆;线,须直则

直,须弯则弯;面,须光则光,须毛则毛,干净利落。不能有半点含糊,否则就不能算是一把合格的紫砂壶。按照紫砂壶的成型工艺特殊要求,壶嘴与扳要绝对在一条直线上,并且分量要均衡;壶口与壶盖结合要严紧。

四是"款"。款即壶的款识。鉴赏紫砂壶款有两层含义,一是鉴别壶的优劣,壶的制作者、题词、镌铭的作者是谁。二是欣赏紫砂壶面上的题词内容,镌刻的书画内涵和印款。紫砂壶装饰艺术是中国传统装饰艺术的重要组成部分,它具

有传统的"诗、书、画、印"四位一体的显
著特点。欣赏紫砂壶除了看壶的泥色、造
型及制作功夫外，还应包括欣赏文学、书
法、绘画、金石等方面的内容。

　　五是"功"。功，指壶的功能美。紫
砂壶具有很强的实用性。紫砂壶为砂质
壶，泡壶后壶身传热缓慢，保温性好，故
在提、握、抚、摸时不感炙手。冬令季节
双手捧壶不仅可以取暖，而且有按摩健
身之功效。用紫砂壶泡茶，以尽色、声、
香、味之蕴。暑天泡茶不易变味，汤色清
润。

　　紫砂壶型千姿百态，大致分为高、
矮两类。高壶宜泡红茶，红
茶在焙制中是经发酵过的，
因此它不避深闷。高壶可以使
红茶越发浓香；矮（扁）壶宜
泡绿茶，绿茶在焙制中未经发
酵，不宜深闷，矮（扁）壶泡绿
茶，可以保持绿茶澄碧鲜嫩的色香

味。

紫砂壶的艺术性与功能性始终紧密结合在一起，它的"艺"全在"用"中。"艺"如果失去"用"的意义，"艺"也就不复存在了。

（二）明朝时期精品紫砂壶

1. 供春树瘿壶

高102mm　宽195mm

明供春制。

供春树瘿壶现藏于中国历史博物

馆，该壶的捐赠者为储南强先生。

这把壶因为外形似银杏树瘿而得名。壶身为栗色，呈扁球状，凹凸不平，谷绉满身，纹理缭绕，大有返璞归真的意境。壶的把梢旁有"供春"二字刻款。

供春树瘿壶曾由苏州吴大澂收藏。当初，吴大澂得到这把供春壶时，已无壶盖，于是请制壶名手黄玉麟为其重配了一只呈北瓜蒂状的壶盖。著名山水画家黄宾虹见到此壶，认为树瘿壶身配北瓜蒂盖有些不伦不类。后来，储南强便请现代制壶名家裴石民重新做了一只状如灵芝的树瘿壶盖，并在壶盖的周边外缘，刻有潘稚亮（潘序伦之兄）两行隶书铭文："作壶者供春，误为瓜者黄麟，五百年后黄虹宾识为瘿，英人以二万金易之而未能。重为制盖者石民，题记者稚君。"

2. 紫砂胎朱红雕漆执壶

高130mm 口径 78mm

明时大彬制。

紫砂胎朱红雕漆执壶现藏于北京故宫博物院。

该壶壶身呈方形,略呈上阔下敛状,圆口、环柄、曲流,腹、流、柄均为四方形,口及盖作圆形,方足四角承条形,矮足。朱红色漆层约3mm,四面开光,内剔刻人物、山水、树石、花草等多层纹样,漆质优良,刻工精细,展现出明代宫廷雕漆艺术华美丰厚的艺术特点,同时也映衬出紫砂壶胎造型曲线的顺畅优雅。壶的底部髹黑漆,漆层下刻有"时大彬制"四字楷书款。

紫砂胎朱红雕漆执壶是一件紫砂工艺与漆器工艺相结合的巧妙作品,像这样精美传器,在于明代,也不多见,内胎应是时大彬壶原作无疑。当时大彬制壶享有盛名,并且进呈到宫中作为雕漆壶的内胎,这是宫内仅存的为文物界所公认的时大彬制作的紫砂壶。

3. 觚棱壶

高72mm 宽92mm

明李仲芳制。

觚棱壶材质为紫泥掺细砂，壶呈覆斗状，直口，矮颈，硕底，四角边足，直流，圆环飞把手。盖为坡式桥顶。壶底刻有"仲芳"二字楷书款。觚棱壶的整体造型有方中寓圆、圆中见方的奇妙特点，被誉为早期紫砂壶传统器皿中的"上品"，具有浓郁的古色古香的韵味。此壶现藏于香港茶具文物馆。

李仲芳，明万历至崇祯年间（1573—1644年）江西婺源人。为紫砂名手李茂林长子。李仲芳最初和时大彬同为供春弟子，后来自觉制壶能力不如时大彬，转而向时大彬学艺，且"为高足第一"。他的作品技艺精湛，兼长家传与师承。

《阳羡茗壶系》中记载："今世所传大彬壶亦有仲芳作之，大彬见赏而自署款识者，时人语曰：'李大瓶，时大名'。"

4.仿古虎錞壶

高72mm 宽84mm

明徐有泉制。

錞，也作錞釪，錞于，我国古代一种铜制的军乐器。其形如圆筒，上部比下部稍大，顶上钮。钮多作虎形，故常有"虎钮錞于"之称。

仿古虎錞壶创作于明万历四十四年（1616年）。

壶的整体风格敦厚古朴，轻巧而有动感。仿古虎錞壶外形为宽肩敛足的青铜虎錞，并配以曲嘴、曲柄，圆虚嵌盖，扁圆钮，腰上弦纹，用一匀净的扁圆线装饰。壶的圆口可内藏壶盖的圆边, 壶盖与口沿之间密不透风, 壶嘴于肩向上弯, 壶把在对面作弯形, 乍看酷似古铜器。壶底刻款: 万历丙辰秋七月有泉。该壶目前藏于香港茶具文物馆。

徐友泉 (1573—1620年), 名士衡, 明万历年间人。徐友泉是时大彬最为得意的学生之一。他对紫砂工艺在泥色品种的丰富多彩方面有杰出的贡献。他擅作仿古铜器壶, 手工精细, 壶盖与壶口能够密不透风。

5. 梨皮朱泥壶

高65mm 宽112mm

明惠孟臣制。

朱泥壶是别具一格的宜兴壶艺。朱泥壶无论在型制、泥胎的组成还是在茶艺文化的内容及壶艺出现的文化背景上, 都与宜兴紫砂有不同的艺术风格。它的红润娟秀为玩家所娇宠, 它的精微细腻是茶家们掌中的名门闺秀。朱泥壶代表了明末清初宜兴紫砂的特殊成就。

梨皮朱泥壶底款：庚寅仲秋孟臣仿古。紫砂壶盖：文九。现为台湾收藏家藏品。1989年台湾邮政总局首次发行了一组共四枚"茗壶邮票"，"梨皮朱泥壶"是其中之一。

惠孟臣大致生活在明代天启到清代康熙年间，荆溪人。他是明末最为出色的紫砂壶艺人。惠孟臣壶艺出众，独树一帜，作品以小壶多、中壶少、大壶最罕，所制茗壶大者浑朴，小者精妙。后世称为"孟臣壶"。仿制者众多，影响深远。

6. 三瓣盉形壶

高110mm　口径43mm

明陈仲美制。

盉，古代酒器，用青铜制成，基本造型为圆腹，带盖，前有流，下设三足或四足。是用以温酒或调和酒水浓淡的器皿。盛行于中国商代后期和西周初期。

此壶外形酷似先秦青铜器，材质为紫泥调砂，泥色古朴沉稳，颇有金属质感。壶艺家取古铜器中"盉"的造型，但同时又将壶身分作三瓣，与壶把、壶流相呼应，略带古拙韵味。此壶与徐友泉所仿古盉形三足壶粗看相似，细品则壶把、壶流、壶盖和钮都不相同。此壶底刻

有"陈仲美"三字楷书款。此壶现藏香港中文大学文物馆。

陈仲美，生卒年不详，明万历至清顺治年间的著名陶人，原籍江西婺源，后慕名到江苏宜兴专事紫砂。陈仲美"好配壶土，意造诸玩"，可惜"心思殚竭，以夭天年"，年仅34岁。

（三）清朝时期精品紫砂壶

1.梅桩壶

高108mm 宽146mm

清陈鸣远制。

梅桩壶现藏于美国西雅图博物馆。

该壶为紫砂泥胎，呈深栗色。壶身、流、把、盖全部由极富生态的残梅桩、树皮及缠枝组成，作品是一件强而有力的雕塑，壶上的梅花是用堆花手法，将有色的泥浆堆积塑造成型，栩栩如生。壶身刻行书铭款："居三友中、占百花上。鸣远。"款下盖"鸣远"篆书阳文方印。

陈鸣远，字鸣远，号鹤峰，又号石霞山人、壶隐，清康熙年间宜兴紫砂名艺人。他出生于紫砂世家，所制茶具、雅玩达数十种。他还开创了壶体镌刻诗铭之风，署款以刻铭和印章并用，款式健雅，有盛唐风格，对紫砂陶艺的发展建立了卓越功勋。在宜兴陶人中，除了惠孟臣，陈鸣远的作品被后人摹仿的最多。

2.双竹提梁壶

　　高160mm　口径77mm×82mm

清陈荫千制。

此壶现藏于南京博物院。

　　双竹提梁壶材质为紫砂,色泽赤赭,紫中泛黄,珠粒隐现,质地坚结。造型以竹子为题材,通身雕作竹形,是仿生变化的一件成功作品,反映出壶艺家创作的鲜明构思。盖钮和提梁作双竹相绞状,细部造型自然生动,空间与实体的变化恰到好处,而整体则依壶生变,夸张得法,尤显凝重端正,朴实无华。腹部堆雕竹枝纹一圈束腰,壶流与盖钮也都塑作竹形,捏塑成三节竹枝为流,提梁把竹枝处理得既挺劲又柔韧,构思别具匠心,不失为紫砂壶艺的精品。壶底钤有阳文篆书"陈荫千制"方印。

　　陈荫千是乾隆中期宜兴制陶名家,

生卒年不可考,善制竹节把壶,传世有双竹提梁壶一具,且分大、中、小三个不同规格,壶艺出众,反映了壶艺家精湛的技艺和深厚的功底。

3.八卦束竹壶

高85mm 口径96mm

清邵大亨制。

八卦束竹壶俗称"龙头一捆竹"。此壶为邵大亨首创,胎泥材质细腻,色泽紫赭,深沉肃穆。器身造型以64根细竹围成,以合64卦之数。腰间束带以圆竹装饰。壶底四周由四个腹部伸出的8根竹子做足,上下一体,显得十分协调。壶盖浮雕八卦图,盖钮成太极图。壶流、壶把则饰以飞龙形象,别有生趣。八卦束竹壶将易学哲理巧妙地构思于紫砂壶上,极富中国传统文化意味。盖内钤"大亨"楷书瓜子形小印。

这把八卦束竹壶,不仅立意好、造型美,而且工艺也极为精细。布局有序、

繁中见整,气度不凡。在技法上,看似繁琐,实则简洁,从中也体现了紫砂原料优越的可塑性,显示了壶艺家的精湛技艺和文学素养。八卦束竹壶展现了大亨壶的古朴之美与非凡气韵,可以说达到了紫砂艺术的最高峰!

八卦束竹壶现藏于南京博物院。1994年邮电部发行《宜兴紫砂陶》特种邮票4枚,其中有一枚便是这件八卦束竹壶。

邵大亨(1796—1861),清嘉庆年间制壶大家,是继陈鸣远以后的一代宗匠。他制作的壶朴实庄重,气势不凡,突出了紫砂艺术质朴典雅的大度气息。他的壶"力追古人,有过之无不及也"。他的作品在清代时已被嗜茶者及收藏家视为珍宝,有"一壶千金,几不可得"之说。

4.井栏提梁壶

高141mm

清杨彭年制、陈曼生铭。

井栏提梁壶为深紫砂泥质，呈紫褐色，外形是仿提梁圆木桶，简练、大方，流短且直，嵌盖，桥钮，壶肩两端设圆形提梁，壶底略大于直口，造型稳健。壶面较宽，宜书宜画。紫砂壶身刻铭："左供水，右供酒；学仙佛，付两手。壬申之秋，阿曼陀室铭提梁壶。" 盖印：彭年。"壬申" 即1812年。

井栏提梁壶大概是陈曼生最早命制

的紫砂壶。此壶虽然外形普通，但壶身铭文书法及陶刻功夫都是超群的。故后人欣赏壶上的书画多于制壶工艺。

此壶现藏于香港茶具文物馆。

杨彭年，字二泉，清乾隆至嘉庆年间宜兴紫砂名艺人。他善制茗壶，尤巧配泥，擅长手制壶嘴而不用陶模。虽随心所欲，但壶身和壶嘴搭配无不协调，为同行所钦羡。他的紫砂壶已达到"拎盖而起壶"之佳境。杨彭年又善铭刻、工隶书，追求金石味。他与当时名人雅士陈鸿寿（曼生）、瞿应绍（子冶）、朱坚（石梅）、邓奎（符生）、郭麟（祥伯、频伽）等合作镌刻书画，技艺成熟，尽善尽美。

世称"彭年壶""彭年曼生壶"，声名极盛，对后世影响颇大。

5.方斗壶

高65mm 口径47 mm

清黄玉麟制。

　　方斗壶的材质为紫红泥铺砂，器身铺满金黄色的桂花砂。壶形仿古代农村用以量米的方斗，壶身上小下大，由四个正梯形组成，正方形嵌盖，盖上有立方钮，壶流与把手均出四棱，整体刚正挺拔、坚硬利索、素面铺砂，不仅方中见秀，而且清新别致。盖内有"玉麟"方印，壶底钤"愙斋"印款。"愙斋"即吴大澂斋名。

　　壶体两面刻有图文：一面刻有"扬州八怪"之一的黄慎的《采茶图》：一老

者席地而坐，身旁一篮清茶，并刻"采茶图，廉夫仿瘿瓢子"。"廉夫"是近代著名画家陆恢的字，"瘿瓢子"是黄慎。另一面刻有吴大澂书写的黄慎《采茶诗》："采茶深入鹿麇群，自剪荷衣渍绿云。寄我峰头三十六，消烦多谢武陵君。瘿瓢斋句，客斋。"这是黄玉麟与吴大澂合作最有代表性的一把壶。

目前，此壶藏于美国尼尔逊博物馆。

黄玉麟（1842—1914年），清末制壶名家，为邵大亨之后又一重要的紫砂名手。他"每制一壶，必精勾选，积日月而成，非其重价弗予，虽屡空而不改其度"。他制作的壶选泥讲究，作品精巧不失古意。代表作有"鱼化龙壶""供春壶"等。

6.粉彩灵芝壶

高130mm　口径60 mm　宽60 mm

清，无款。

粉彩灵芝壶制作于清乾隆年间，是宜兴进贡宫廷的紫砂素胎，在宫中作坊施加釉上彩的茶壶。这把茶壶色彩粉润柔和，粉彩的画面线条纤细秀丽，形象生动逼真，富有立体感。该壶设计成方形，壶面上有紫砂陶塑——九支灵芝。壶面满绘拼莲花，意喻"饮茶长寿"。壶盖为嵌入式，出水孔为单方孔，持壶时应为四指穿孔、大拇指压盖，较为顺手得宜。整个紫砂壶作品既华丽又吉祥。

该壶现为台北故宫博物院藏品。1991年台湾邮政总局第二次发行"蒋壶邮票"一套五枚，其中二枚为紫砂壶邮票，此壶则为其中之一。

7. 画珐琅牡丹紫砂方壶

高831mm　宽112mm　口横长65mm×65 mm　底横长71mm×71 mm

清康熙御制款。

画珐琅牡丹紫砂方壶呈四方形，直口，方形曲把、短流，平底，矮圈足，并

带方形拱状盖及方形
盖纽。盖纽底边饰蓝料
莲瓣纹及白底红点纹一
周，盖面饰月季、菊花、
水仙等花朵，素胎壶腹
四面分画各色牡丹、荷
花、秋葵、梅花等四季折枝花卉，秋葵
部分并有秋海棠、雏菊等秋天的草花陪
衬。紫砂胎地略粗，间杂黑、黄砂点，砂
点脱落处可见棕眼细孔。壶底款识部分
以白彩为地，上书"康熙御制"四字蓝料
楷款，外加粗细双方框。

珐琅彩紫砂壶一般专作宫廷玩赏器
和宗教、祭礼的供器，制作极为考究。康
熙御用宜兴胎珐琅彩茶器，皆在宜兴制
坯烧造精选后，送至清宫造办处再由宫
廷画师加上珐琅彩绘，然后低温烘制而
成。此方形壶釉彩鲜丽，画工精巧，器表
无施透明釉，传世只此一件，为清代宫廷
极为珍稀的御用茶器。

清康熙、乾隆时代是紫砂壶第二个发展时期。当时紫砂茗壶特别讲究外表的装饰，除了画珐琅、粉彩，还有刻画、泥绘、包锡、炉均等特种工艺装饰。

此壶现藏于台北故宫博物院。1991年台湾邮政总局第二次发行"茗壶邮票"一套五枚，其二枚为紫砂壶邮票，此壶为其中之一。

（四）近现代时期精品紫砂壶

1. 陆羽茶经壶

近代蒋彦亭制。

陆羽茶经壶造型独特。壶身由一段松木和茶圣"陆羽"组成，以民间雕塑手法塑造，结构分明。人物衣纹流动自然，面部塑造精细、光润，工艺

性强。壶嘴一松枝伸展自如，又一松枝弯曲成把，以树段平面为壶的嵌盖，上置一书卷，人物与书卷相对应。壶胎以深团泥制作，并粉饰古朴色泥，堆、雕、捏、塑，开创紫砂壶艺新天地。底钤"蒋"字异形印款，把梢下有"燕庭"腰圆章。

蒋彦亭在制作陆羽茶经壶时别出心裁，一改以往陶匠用陶模制壶的惯例，采用雕塑手法制壶。

蒋彦亭（1890—1943年），原名鸿高、鸿鹄，曾用名志臣，后改名燕庭、彦亭，宜兴川埠潜洛人。蒋彦亭幼承家学庭训，随父蒋祥元制壶，擅制水盂、水滴、文房用具、杂玩等项。蒋彦亭善配制紫砂泥色，其作品古色古香、艺趣横生。

2. 僧帽壶

高122mm 宽183mm

现代顾景舟制。

这把僧帽壶结构严谨，线条流畅，棱角突起，口盖紧密，分毫不差。壶身作为六角形的僧帽，从壶盖开始，整个壶分为六等分。壶冠分五瓣莲花，而第六瓣则改为流。平带形的把手在壶流的对面，壶把的上弯有一按指位。壶底有顾景舟方印，并刻有"一九七五年六月为国祥同志作"十三字楷书款式。盖印"景舟"小章。

顾景舟制作的僧帽壶把形、质、神发挥得淋漓尽致。僧帽壶轮廓清晰、锋芒内敛，各个部分的衔接自然贴切、和谐挺括，造型上节奏紧凑、浑然一体。壶嘴与壶身的连接处、壶颈的肩线线条等细节处都显现出手工艺的趣味和紫砂传统造型艺术的精神。

僧帽壶因壶口形似僧帽而得名，造型为口沿上翘，前低后高，鸭嘴形流，壶盖卧于口沿内，束颈、鼓腹、圈足、曲柄。具有强烈的少数民族风格。紫砂僧帽茶壶始做于明代金沙寺，后经时大彬等人传承，但到了清代相继失传。由于僧帽壶的壶身为等边等面折腰六方形，所以在泥片的对角连接工艺过程中需要扎实的陶艺基本功和深厚的文化底蕴。

3.阴阳太极壶

高570mm 直径123mm

现代吕尧臣、吕俊杰制。

阴阳太极壶由我国著名工艺美术大师吕尧臣、吕俊杰父子历经四年苦心探索，倾力打造完成的。该壶是吕氏父子炉火纯青的巅峰之作，素有"天下第一壶"之称，具有无可估量的收藏鉴赏价值。

阴阳太极壶是传统文化精髓与显性紫砂语言的水乳交融之作。作品以"阴阳太极图"为元素, 将金、木、水、火、土五行以抽象方式表达, 同时借鉴明代家具"榫卯"结构, 采用"壶中藏壶"的方式将阴壶的红色、阳壶的黑色合二为一。两把壶的"把手"神似抽象的男女人体, 并呈现相互勾连之态, 寓意阴阳相合相生、生生不息的"和谐、生福(壶)"理念。细节造型取"6"代表"顺"的寓意, 壶中暗藏6个"60"的寓意符号, 以对应建国60周年, 寓意六六大顺, 天作之合。其在创意、造型、工艺和材质上的超凡表现, 已超越历代名壶。

吕尧臣(1941—), 宜兴人, 我国工艺美术大师, 当代紫砂界的一座丰碑, 几百年紫砂艺术尤为杰出者, 以自创的"吕氏绞泥"著称于世, 是收藏界、艺术界、权威人士公认的"壶艺泰斗""一代宗师""壶艺魔术师"。

吕俊杰为吕尧臣之子是江苏省工艺美术大师，承泰斗衣钵，是中国紫砂界新生代领军人物，其作品拍价在青年大师中独占鳌头。

4.万代安福壶

高100mm 宽180mm

现代唐朝霞制。

万代安福壶为紫砂胎施珐琅釉，加彩、描金等多种工艺结合而成。此壶于华彩富丽中显示乾隆时期皇家壶器之风范。该壶壶身为十六等分菊花瓣，与壶钮和壶盖巧成三叠菊球形，自上而下贯通一气。壶盖采用压嵌盖结构，可任意旋转且上下吻合。外壁施珐琅釉，彩绘如意、蝙蝠、牡丹、万字等吉祥纹饰，祈福万代幸福安康。万代安福壶在第五届中国工艺美术大师精品博览会荣获金奖。

唐朝霞（1968— ），女，江苏省宜兴市人。其先祖唐凤芝、唐祝和系民国时期著名的制陶名家。唐朝霞身在芝兰之室，自幼受芬芳熏染，经过家传技艺严格训练和刻苦勤奋的抟泥实践，形成了"气韵丰茂、神形兼备"的独特风格。唐朝霞的壶艺作品单纯而不单调，规矩而不呆板，平凡中透着雅致、稳重间飘逸着柔美。

四、紫砂茶具与中国茶文化

(一) 中国茶文化

中国是茶文化的发祥地，又是茶的原产地。中华茶文化源远流长，博大精深，既包含物质文化层面，也包含深厚的精神文明层面。

在中国茶文化中，茶道是核心。茶道包括两方面内容：一是备茶泡茶的技艺、规范和品饮方法，通常称为"茶艺"；二

是茶道的精神内涵、境界妙用，即茶道的思想，也就是品茗之中寓含的陶冶情操、修身养性、启迪智慧的妙用。广义的茶道，应该是包括茶艺在内的；狭义的茶道，与茶艺并列，也就是上述"精神内涵、境界妙用"的部分。

陆羽在中国茶文化的发展过程中起到了关键性的作用。唐朝上元初年（760年），陆羽隐居江南各地，撰《茶经》三卷，成为世界上第一部茶的著作。陆羽在《茶经》十章中，除了介绍茶的性状起源、制茶工具、造茶方法、煮茶技艺、要领与规范之外，还阐明了富有哲理的茶道精神，并强调"茶之为用，味至寒，为饮，最宜精行俭德之人"，这"精行俭德"四字，便成了传统茶道的基本思想内涵。

茶道的精神内涵几经发展完善，形成了重要的"四要素"——艺、礼、境、德。

1. 艺：即饮茶艺术。茶艺有备器、择水、取火、候汤、习茶五大环节。茶、水、火、器，被称为茶艺"四要素"。

茶品主要讲求形、色、香、味，并以

此作为区分茶叶优劣的标准。目前中国有十大名茶：西湖龙井、洞庭碧螺春、黄山毛峰、庐山云雾、六安瓜片、君山银针、信阳毛尖、武夷岩茶、安溪铁观音、祁门红茶。

形，指茶叶外表的形状，大体有长圆条形、卷曲圆条形、扁条形、针形、花叶形、颗粒形、圆珠形、砖形、饼形、片形、粉末形等。

色，指干茶的色泽、汤色和叶底色泽。因制法不同，茶叶可做出红、绿、黄、白、黑青等不同色泽的六大茶类，茶叶色度可分为翠绿色、灰绿色、深绿色、墨绿色、黄绿色、黑褐色、银灰色、铁青色、青褐色、褐红色、棕红色等，汤色色度分为红色、橙色、黄色、黄绿色、绿色等。

香，指茶叶经开水冲泡后散发出来的香气，也包括干茶的香气。鲜叶中含芳香物质约50种，绿茶中含100多种，红茶中含300多种。按香气类型可分为毫香型、嫩香型、花香型、果香型、清香型、甜香型等。

味，指茶叶冲泡后茶汤的滋味。茶叶与所含有味物质有关：多酚类化合物有苦涩味，氨基酸有鲜味，咖啡碱有苦味，糖类有甜味，果胶有厚味。按味型可分为浓厚、浓鲜、醇和、醇厚、平和、鲜甜、苦、涩、粗老味等。味型近似区分极难，全靠舌头的精细感觉。

水，水品以清、活、轻、甘、冽作为区分优劣的标准。"清"指无色、透明、无沉淀；"活"指"活水"，即流动的水；"轻"指比重轻的，一般是宜茶的软水；"甘"指水味淡甜；"冽"指水冷、寒，尤以冰水、雪水为最佳。陆羽在《茶经》中提到，择水以"山水上，江水中，井水下"，雨水、雪水是"天水"，烹茶亦佳。水中通常都含有处于电离子状态下的钙和镁的碳酸氢盐、硫酸盐和氯化物，含量多者叫硬水，少者叫软水。硬水泡茶，茶汤发暗，滋味发涩；软水泡茶，茶汤明亮，香味鲜爽。所以软水宜茶。

火，活火为佳，活火一是燃料要讲究；二是应注意火候，包括火力（急火、旺火、慢火）、火度、火势、火时，观火候主要看汤，即观察煮水的全过程，这是针对煮茶而言的。方法是"三大辨，十五小辨"。明代以后，由于煮茶发展为以开水冲泡，水开即冲茶，此时无须"三大辨、十五小辨"。燃料也已多样化。"活火"主要指燃料选择上燃烧值高、燃烧无异味。

器，指饮茶的器具，以宜兴紫陶为首选。紫砂茶具工艺独特，是品茗妙器。古人云："壶必言宜兴陶，较茶必用宜壶也。"宜兴茗壶已成为一门艺术，并形成派系，大体划分有创始、正始、大家、名家、雅流、神品、别派等。除陶瓷外，还有用金、银、铜、玉器、玛瑙、玻璃、搪瓷、竹木、椰壳等材料制作的茶具，也别有艺术风味，新材料中以玻璃茶具为佳，特别是品饮形色俱佳的名茶如龙井、白毫银针、碧螺春等，既可品饮，又可观尝茶芽之奇姿美色，可助茶兴。

以上所述即为茶艺的基本构成要素。茶艺是茶道的基础和载体，是茶道的必要条件。茶道离不开茶艺，舍茶艺则无茶道。茶艺的内涵小于茶道，但茶艺的外延大于茶道。茶艺作为一门艺术可以独立于茶道而存在，也可以进行舞台表演。

2.礼：茶道活动要遵循一定的礼法进行。茶事活动中的礼仪、法则包括择地（以优雅宁静的场地为佳，辅以适当氛围布置点缀）、茶事流程、动作手势、奉茶规矩等等。

礼是约定俗成的行为规范，是

表示友好和尊敬的仪容、态度、语言、动作。茶道之礼有主人与客人、客人与客人之间的礼仪、礼节、礼貌。

茶道之法是整个茶事过程中的一系列规范与法度,涉及人与人、人与物、物与物之间的一些规定,如位置、顺序、动作、语言、姿态、仪表、仪容等。

茶道的礼法随着时代的变迁而有所损益,与时偕行。在不同的茶道流派中,礼法有不同,但有些基本的礼法内容却是相对稳定不变的。

3. 境:所谓茶境,是指茶事过程导人所入之境,并非是场地环境之意。

　　茶道是在一定的环境下所进行的茶事活动。茶道对环境的选择、营造尤其讲究，旨在通过环境来陶冶、净化人的心灵，因而需要一个与茶道活动要求相一致的环境。茶道活动的环境不是任意、随便的，而是经过精心的选择和营造。

　　茶道环境有三类：一是自然环境，如松间竹下、泉边溪侧、林中石上。二是人造环境，如僧寮道院、亭台楼阁、画舫水榭、书房客厅。三是特设环境，即专门用来从事茶道活动的茶室。茶室包括室外环境和室内环境，茶室的室外环境是指茶室的庭院，茶室的庭院往往栽有青松翠竹等常绿植物及花木。室内环境则往往有挂画、插花、盆景、古玩、文房清供等。总之，茶道的环境要清雅幽静，使人进入到此环境中，忘却俗世，洗尽尘心。

　　4.德：茶德是茶事中所

寓含的精神、理念、品性与道德。茶中之德，如道家的"清静无为"，如佛家的"般若自在"，如儒家的"清心寡欲"，讲究清而不浮，静而不滞，淡而不薄，在修心中喝茶，于品茶中养性。

中华茶道的理想就是养生、怡情、修性、证道。证道是修道的结果，是茶道的理想，是茶人的终极追求，是人生的最高境界。茶道的宗旨、目的在于修行。修行是为了每个参加者自身素质和境界的提高，塑造完美的人格。

（二）功夫茶道

功夫茶是一种泡茶的技法。其得名是因为这种泡茶的方式极为讲究，操作起来需要一定的功夫。此功夫具体说来就是沏泡的学问，品饮的功夫。

功夫茶道的步骤包括：治器与纳茶，候汤，冲点、刮沫、淋罐、烫杯，洒茶与品茶。

1. 治器与纳茶

烹茶之前，应该先生火烹水。候沸期间，可将一应茶具取出，陈列就位。

水初沸时，提铫用水淋罐、杯使其预热、洁净。然后将铫再次置于炉上加热。倒出罐中沸水，开始纳茶。

纳茶的功夫很重要，它关系到茶汤的质量、斟茶时是否顺畅、汤量是否恰到好处等环节。纳茶之法，须从茶罐中倾茶于素纸上，先取其最粗者，填于罐底滴口处；再用细末，填塞中层，另以稍粗之叶，撒于上面。纳茶之量，应视不同品种而定。此外，还要参看茶叶中整茶与碎茶间的比例而作适当调整，碎叶越多，纳茶量越少，反之碎叶越少，纳茶量越多。总之，纳茶必须具有一定的技巧与经验。

2.候汤

古人品茶，最重视煎水的好坏。水煎得过头就会变"老"（或称"百寿汤"），煎得不及就会太"嫩"（或称"婴儿沸"）。这种讲究看似繁琐，却很有其道理。没烧开或初沸的"嫩"汤，泡不开茶；而开过头的水，随着沸腾时间的延长，会不断排出溶解于水中的气体，即陆羽所说的"水气全消"，亦会影响茶味。特别是不少河水、井水中含有一些亚硝酸盐，煮的时间太长，随着蒸发的加剧，其含量相对增加；同时，水中的部分硝酸盐亦会因受热时间长而被还原为亚硝酸盐。亚硝酸盐是一种有害的物质，对人体不利。

不同品种的茶叶，对水温有不同的要求。高级绿茶多以嫩芽制成，不能用100℃的沸水冲泡，一般以80℃左右为宜。红茶、花茶及中低档绿茶则要求用100℃沸水。乌龙、普洱及沱茶，每次用量多，茶叶又较粗老，更要求用沸滚的水冲泡。

按传统，功夫茶炉与茶几间

应隔七步：

首先，炭火在燃烧时会排出些许气味，茶炉与茶几拉开距离，可以避烟火气；其次，砂铫置火炉上，扇火时难免有火屑洒落铫嘴，所以老练的茶客在冲水入罐前总要倾去一点儿"水头"，来清除不易觉察的灰垢。扇火催沸时火苗四串，而罐嘴中空，无水可传热，其热度远在百度以上，如不稍事冷却，倾出"水头"时，刚接触到罐嘴的水柱会溅出滚烫的水珠，弄不好会伤人；再次，刚到三沸的水经短暂的停留，正好回到不嫩不老的三沸状态。

3. 冲点、刮沫、淋罐、烫杯

取滚汤，揭罐盖，沿壶口内缘冲入沸水，叫做冲点。冲点时水柱切忌从壶心直冲而入，那样会"冲破茶胆"，破坏纳茶时细心经营的茶层结构，无法形成完美的"茶山"。冲点要一气呵成,不要急促、断续,即不要冲出宋人所说的"断脉汤"。冲点时砂铫与冲罐的距离要略大,叫"高冲",使热力直透罐底,茶沫上扬。

刮沫:冲点必使满罐而忌溢出,这时茶叶的白色泡沫浮出壶面,即用拇指与食指捏住壶盖,沿壶口水平方向轻轻一刮,沫即坠散入茶垫中,旋将壶盖定。

淋罐:盖定后,复以热汤遍淋壶上,以清洁沾附壶面的茶沫。壶外追热。内外夹攻,以保证壶中有足够的温度。冬日烹茶,这一环节尤为重要。

烫杯:淋罐后,将铫中余汤淋杯。砂铫添水后放回炉上烧第二铫水。再回到茶几前"滚杯":用食、中、拇三指捏住茶杯的杯口和底

沿，使杯子侧立浸入另一个装满热汤的茶杯中，轻巧快速地转动，务使面面俱到，里外均匀地受洗受热。每个茶杯都要如此处理。因为只有"烧（热）盅烫罐"即杯罐皆热，方能起香。

用盖瓯瀹茶时，上述程序大体相同。但盖瓯不宜淋罐，所以刮沫以后，一般是迅速将瓯中茶汤倾入茶洗，再次冲点。这样做的目的是：起"洗茶"及预热作用；追热，以弥补不能淋罐的缺陷。

4.洒茶与品茶

冲点后，经淋罐、烫杯、倾水，正是洒茶的适当时刻。从冲到洒的过程，俗称为"翕"。翕要恰到好处，太速则香味不出，太迟则茶色太浓，茶味苦涩。洒茶时冲罐要靠近茶杯，叫"低斟"，以免激起泡沫、发出滴沥声响，还可防止茶汤依次轮转洒入茶杯，须反复二三次，叫"关公巡城"，使各杯汤色均匀；茶汤洒毕，罐中尚有余沥，须尽数滴出并依次滴入各杯中，叫"韩信点兵"。余沥不滤出，长时间浸在罐中，味转苦涩，会影响下一轮冲泡质量；余沥又是茶汤中最醇厚的部分，所以要均匀分配，以免各杯味有参差。

洒茶既毕，即可延客品茶。品饮时杯沿接唇，杯面迎鼻，边嗅边饮。饮毕，三嗅杯底。此时"芳香溢齿颊，甘泽润喉吻，神明凌霄汉，思想驰古今。境界至此，已得工夫茶三昧"。